Alex et le secret de Michel-Ange

W0313679

Direction de la publication : Carine Girac-Marinier
Édition : Ella-Meï Tabernero Chaudet
Direction artistique : Uli Meindl
Conception graphique : Sophie Rivoire
Mise en page : Tiphaine Desmoulière
Fabrication : Marlène Delbeken

Crédits des illustrations :
Vincent Raffaitin (pages 5, 14, 18, 23, 25, 27, 30, 38, 55, 63, 72, 74-75, 76-77, 82-83, 84, 87, 92-93, 95, 96, 99, 109), Shutterstock

© Éditions Larousse 2020
21, rue du Montparnasse
75283 Paris Cedex 06

ISBN : 978-2-03-598114-1

Toute reproduction ou représentation intégrale ou partielle, par quelque procédé que ce soit, du texte contenu dans le présent ouvrage, et qui est la propriété de l'Éditeur, est strictement interdite.

POCHE
ESCAPE GAME

Alex et le secret de Michel-Ange

Vincent Raffaitin

LAROUSSE

Les ESCAPE GAMES de poche

Les scénarios des escape games de poche vous permettent de vivre des aventures littéraires à la croisée des escape games classiques et des livres dont vous êtes le héros.

Enfermé dans une salle, vous devez explorer votre environnement et utiliser les objets à votre disposition pour vous échapper en un temps limité. Observation, réflexion et imagination vous guideront vers la sortie.

Le livre se décompose en plusieurs sections.

Les salles

Le livre se lit de façon « linéaire ». Il faut parfois lire tout le chapitre pour trouver les indices qui permettent de résoudre l'énigme.

Quand une énigme doit être résolue, une phrase apparaît en **gras**.

Une fois la solution trouvée, il suffit de tourner la page pour continuer l'aventure. La solution et le détail du raisonnement seront expliqués à ce moment-là.

Observez bien toutes les illustrations : vous pourrez y trouver des lettres cachées qui permettront de débloquer des objets ou des actions. Quand vous en trouvez une, reportez-vous au tableau décodeur à la fin du livre, page 120.

Voici un exemple : une lettre est cachée dans ce dessin. La voyez-vous ?

En regardant bien à la naissance de la queue de l'abricot de gauche, vous distinguez la **lettre C.** Vous n'avez plus qu'à trouver son utilité dans le tableau à la fin du livre.

Les indices

En fin d'ouvrage, vous retrouverez l'intégralité des indices et du raisonnement à suivre pour résoudre les énigmes. Il y a deux niveaux d'indices. Attention, ces indices ne doivent être lus qu'en cas d'extrême nécessité car ils peuvent vous gâcher le plaisir de chercher par vous-même.

Les solutions

Quand vous pensez avoir trouvé la réponse à une énigme, tournez la page et lisez la solution pour continuer votre aventure.

À chaque fois que vous faites une *erreur*, vous noterez une croix dans le cadre ci-dessous.

Au bout de 3 croix, vous avez perdu !

À chaque fois que vous utilisez un *indice*, vous noterez une croix dans le cadre ci-dessous.

Au bout de 5 croix, vous n'avez plus le droit d'utiliser des indices.

« Qui n'a vu la Sixtine ne peut se faire une idée juste de ce que peut un homme. »

Johann Wolfgang von Goethe

Introduction

Paris, chez vous
4 mai 2020

À peine remis de votre incroyable aventure[1] et après avoir dormi deux jours d'affilée pour récupérer, vous vous retrouvez affalé devant votre ordinateur, fixant l'écran, les yeux dans le vide.

[1] *Alex et le secret de Toutankhamon*, éditions Larousse.

Un son familier vous fait sortir de votre transe. Un son caractéristique, qui provoque en vous une sensation étrange, un mélange de plaisir et d'angoisse. Étrangement, vous n'arrivez pas à situer son origine. L'ouïe en alerte, vous guettez le moindre bruit, mais tout n'est que silence. Un silence fragile et éphémère, brusquement rompu par de grands coups de poing sur la porte et par ce son que vous reconnaissez enfin : celui de votre sonnette !

Derrière la porte, un homme hurle votre nom d'une voix furibonde.

- Alex, ouvre ! Je sais qu't'es là !

Manifestement, cet homme vous connaît. Mais vous, vous n'avez aucune idée de qui il peut s'agir et vous ne reconnaissez pas sa voix.

- Si tu n'ouvres pas dans cinq secondes, je défonce la porte, hurle-t-il. Un ! Deux !

À pas de velours, vous atteignez votre porte et jetez un œil à travers le judas. Vous découvrez un homme d'une petite quarantaine d'années, brun, les yeux verts cachés sous de vilaines lunettes, un bouc mal taillé, la mine patibulaire… C'est votre rédacteur en chef !

Il a le doigt enfoncé sur la sonnette, dont le son résonne dans tout l'appartement.

D'un coup sec, vous ouvrez la porte. Avant que vous ne puissiez dire un mot, la voisine du dessus vocifère d'une voix criarde un « Non mais c'est pas bientôt fini ce bazar ?! » puis claque sa porte sans demander son reste.

- C'est pas trop tôt ! s'exclame votre rédac' chef, agacé. Alex, tu ne crois pas que tu as dépassé les bornes ? Tu t'absentes du journal des jours entiers sous de faux prétextes, tu ne réponds pas aux mails ni à mes coups de téléphone... Je t'aime bien et on se connaît depuis longtemps, mais au prochain écart de conduite, je devrai me séparer de toi. C'est bien compris ?

Vous tentez de rétorquer quelque chose, mais votre état nauséeux vous en empêche.

- Bon, dit-il, je vois que cela ne provoque pas chez toi une réaction impressionnante. En même temps, je ne m'attendais pas à grand-chose... Prends quelques jours de congé pour te remettre les idées en place. Tiens, un coursier a déposé ça pour toi au bureau.

Il vous tend une enveloppe kraft que vous attrapez d'un geste automatique, puis il tourne les talons et descend les escaliers d'un pas lourd.

Vous fermez la porte, intrigué par l'enveloppe, qui arbore en haut à gauche un soleil à quatorze branches. Vous la décachetez et découvrez à l'intérieur une petite note énigmatique pliée en quatre.

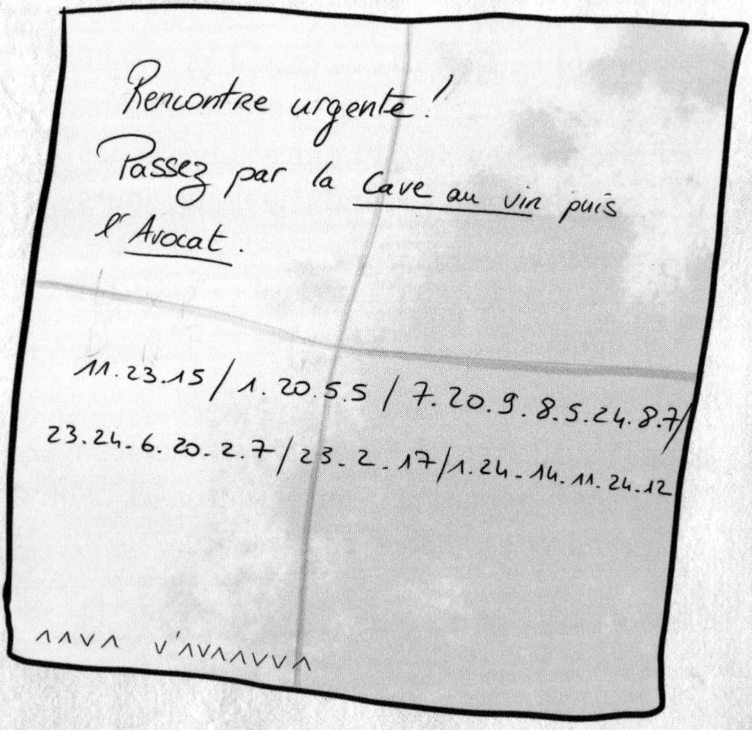
Rencontre urgente !
Passez par la Cave au vin puis l'Avocat.

11.23.15 / 1.20.5.5 / 7.20.9.8.5.24.8.7/
23.24.6.20.2.7/23.2.17/1.24.14.11.24.12

^^v^ v'^v^^vv^

Où et quand se situe le rendez-vous ?

Ne tournez pas la page avant d'avoir résolu l'énigme. Maintenant, si vous êtes sûr de vous, c'est parti : lisez la page suivante et poursuivez votre aventure.

Si vous êtes bloqué, consultez l'**indice** 7992. Vous êtes toujours bloqué ? Consultez l'**indice** 2335 à la fin du livre.

Après un bon moment de réflexion, vous comprenez enfin la logique du message.

Cave au vin et *avocat* sont des jeux de mots pour « K vaut 20 » et « A vaut K » !

Vous commencez à déchiffrer le message en utilisant le code « K vaut 20 », ce qui donne :

bnf rkvv xkzyvoyx nowksx nsh roeboc

À partir de là, vous faites de même avec le code « A vaut K ». Vous arrivez à la phrase suivante :

RDV HALL NAPOLEON DEMAIN DIX HEURES

Il n'en faut pas plus pour éveiller votre curiosité. Mais où se trouve le hall Napoléon ?

Une rapide recherche sur Internet vous éclaire. C'est l'entrée principale du musée du Louvre et une salle d'exposition temporaire. Et demain, à 10 h, c'est justement dans cette salle qu'aura lieu l'inauguration pour la presse spécialisée de l'exposition « Le corps et l'âme », autour de la sculpture de la Renaissance, de Donatello à Michel-Ange.

La bonne nouvelle, c'est que vous savez où et quand se situe votre rendez-vous. La mauvaise, c'est que vous ne savez pas qui vous allez rencontrer.

Chapitre I

Paris, musée du Louvre
5 mai 2020, 9 h 58

Brandissant fièrement votre carte de presse devant les agents de sécurité, vous accédez à la salle d'exposition : vous y apercevez une multitude de sculptures plus belles les unes que les autres.

Sur la gauche, un banquet rempli de petits fours fort appétissants vous tend les bras. Chouette !

La conférence commence et vous écoutez la commissaire de l'exposition remercier les divers partenaires et sponsors qui ont rendu possible cette exposition temporaire.

Après un bon quart d'heure de ronds de jambe et de pommade diplomatique, l'administrative annonce que, pour la première fois depuis presque un siècle, les caisses MA38 et MA39 sont sorties des chambres fortes du musée du château des Sforza à Milan. D'inestimables documents ont ainsi pu être exposés !

Au centre de la pièce, sur une table garnie de velours, vous apercevez des manuscrits, esquisses et autres originaux de la main des grands artistes de la Renaissance.

La commissaire précise que seule une partie de ces documents resteront visibles pendant la durée de l'exposition, les autres étant trop fragiles.

Vous frayant un chemin en jouant des coudes jusqu'à la table centrale, vous admirez ces magnifiques documents : croquis d'œuvres connues, recherches, études architecturales... Soudain, une personne se colle à vous et plaque un objet dans votre dos. Vous avez envie de hurler mais vous vous ravisez. Une voix féminine vous parle tout bas dans l'oreille.

- Ne bougez pas et regardez devant vous. Je sais qui vous êtes, Alex. Je suis l'une des vôtres. Regardez le document 27. Il ne peut être ici et simultanément exposé dans sa demeure natale. L'un des deux doit être un faux. Nous voulons savoir lequel est faux et pourquoi il a été créé. Vous n'avez que peu de temps. Bonne chance, disciple.

La femme disparaît soudainement dans la foule. Vous n'avez pas eu le temps de l'identifier.

C'était donc ça, votre rendez-vous ? Une première rencontre avec un autre disciple ? Serait-ce votre nouvelle mission ? Vous vous sentez mal à l'aise. Votre cœur palpite, mais vous devez vous ressaisir rapidement. Le document 27... Votre regard se promène sur la table et vous le trouvez : il s'agit de l'acte de naissance d'un certain Michelangelo Buonarroti...

Copia del tempo di michelagnelo buonarotj cavato delle ricordanze di lodovico suo padr da car^na^ san

Ricordo come oggi questo di 6 di marzo 1474 – mi nacque un fanciulo mastio posigli nome michelagnelo et nacque in lunedi matina inanzi di 4 o 5 ore et nacqueni essendo io potesta di caprese et a caprese nacque, e copari furno questi di sotto nominati battezossi a ddj 8 detto nella chiesa di s^to^ giovanni di caprese questi sono e copari Lorenzo

Don daniello di S buonaguida da firenze rettor di s^to^ giovanj di caprese

Don andrea di . . . da poppi rector della badia di chiariano Sagrestia

Giovanni di nanni da caprese

Jac.° di franc.° da casurio

Marco di giorgio da caprese

Giovannj di biaggio da caprese

Andrea di biaggio da caprese

franc.° di jac.° del anduino da caprese

S barl.° di Santj del Lanse nottaro—

Nota che addj 6 di marzo 1474 è alla fiorentina ab in carne^ne^ e talla romana ab natiuittate è 1475— Nuova

Michel-Ange, l'artiste aux multiples talents, appelé de son vivant par ses pairs « il Divino », le Divin.

Vous sortez votre portable de votre poche, vous prenez une photo du document, et vous quittez l'endroit. L'exposition a l'air superbe, mais vous avez mieux à faire.

En rentrant chez vous, vous repensez à ce que vous a dit la mystérieuse femme. Après quelques minutes de réflexion, vous vous décidez à partir pour l'Italie : direction la maison natale de Michel-Ange, en Toscane.

Chapitre II

Italie, Toscane, Caprese Michelangelo

Cet ancien palais, restauré, comporte trois bâtisses. Et c'est dans le palais du Podestat, là où naquit l'artiste de renom le dimanche 6 mars 1475, que fut fondé le musée Michel-Ange en 1875.

Vous vous dirigez vers la porte qui se trouve au bas des escaliers et vous découvrez un panneau accroché indiquant que le musée est fermé pour deux semaines.

Quelle malchance ! Vous n'avez absolument pas la possibilité d'attendre deux semaines. Vous devez pénétrer à l'intérieur immédiatement !

Comment allez-vous entrer dans le musée ?

Si vous êtes bloqué, consultez l'**indice** 9716. Vous êtes toujours bloqué ? Consultez l'**indice** 7128 à la fin du livre.

Les indices découverts (**A et M**) vous ont mis sur la piste et vous ont permis de récupérer une clé pour ouvrir une des portes du musée. Vous réussissez ainsi à vous introduire dans le bâtiment. Pour ne pas attirer l'attention depuis l'extérieur, vous vous éclairez avec la lampe torche de votre portable. La lumière blanche de la LED donne un aspect blafard aux murs et fait danser les ombres des statues de façon inquiétante sur les murs autour de vous.

L'endroit, rempli de sculptures en bronze, en marbre ou en plâtre, compte quelques copies, moulages et photos des œuvres de Michel-Ange.

C'est dans la troisième pièce que vous découvrez ce qui vous a fait parcourir les 1100 kilomètres qui vous séparent de votre lit douillet.

L'acte de naissance de Michel-Ange.

Un autre. Est-ce l'original ou une copie ?

Sur le petit écriteau fixé à côté du cadre, vous ne trouvez aucune information. Qu'allez-vous pouvoir répondre aux disciples, si vous ne trouvez aucun indice ?

BIP ! Oh non ! Votre téléphone indique qu'il n'a plus que 5 % de batterie et, évidemment, votre chargeur est à l'hôtel.

+

Copia del tempo di michelagnelo buonarotj cavato delle ricordanze di lu-
uico suo padre da casa na

Ricordo come oggi questo dì 6 di marzo 1474 – mi nacque un fanci-
mastio posigli nome michelagnelo et nacque in lunedj matina inan-
di 4 o 5 ore et nacquemi essendo io potestà di caprese et a caprese
nacque, e cōpari furno questj di sotto nominatj battezossi addj 8 –
nella chiesa di s.to giovannj di caprese questj sono e cōparj
Don daniello di ser buonaguida da firenze rettor di s.to giovanj di capr-
Don andrea di . . . da poppi rettor della badia di diariano
Giovanni di nannj da da caprese
Jac.o di franc.o da casurio
Marco di giorgio da caprese
Giovannj di biaggio da caprese
Andrea di biaggio da caprese
franc.o di jac.o del anduino da caprese
ser bart.o di santj del lanse nottaro

Nota che addj 6 di marzo 1474 è alla fiorentina ab incarnatione et alla
romana ab nativitate è 1475

Votre temps est donc compté pour étudier le document.

Où devez-vous aller pour continuer votre aventure ?

Si vous êtes bloqué, consultez l'**indice** 6778. Vous êtes toujours bloqué ? Consultez l'**indice** 4153 à la fin du livre.

Quelques secondes avant que la batterie de votre portable ne rende l'âme, vous réalisez qu'il manque des mots sur le document en face de vous. Enfin, plus précisément, il semblerait surtout que des mots aient été ajoutés sur le document qui était présenté au Louvre.

Michel-Ange aurait-il caché un message directement sur son acte de naissance en en réalisant une copie et en la glissant dans ses documents ? Malin !

En regardant attentivement, vous découvrez les quatre mots suivants :

- *San* (ligne 2)
- *Lorenzo* (ligne 7)
- *Sagrestia* (ligne 9)
- *Nuova* (ligne 18)

San Lorenzo, Sagrestia Nuova.

S'agirait-il de la Nouvelle Sacristie de la basilique San Lorenzo, à Florence ?

Michel-Ange aurait-il organisé un jeu de piste ?

Vous n'avez pas le temps d'y réfléchir pour l'instant car il vous faut sortir avant de ne plus avoir de lumière…

Trop tard !

Vous êtes maintenant dans le noir et vous cherchez à tâtons votre chemin vers la sortie, en espérant ne rien casser.

Quelques longues minutes plus tard, c'est chose faite et vous réussissez, après de multiples frayeurs, à trouver la porte de sortie.

Vous avez hâte de retrouver votre chambre d'hôtel avant de repartir demain matin pour Florence.

Chapitre III

Italie, Toscane, Florence

Cela fait quelques minutes que vous déambulez dans les rues de la ville, le nez en l'air, à admirer toutes les merveilles architecturales qui s'offrent à vous. Chaque coin de rue est orné d'une magnifique sculpture ou d'une façade impressionnante. Quel bonheur de visiter Florence lorsqu'on est passionné par l'art et l'architecture !

Mais en arrivant au pied de la basilique, vous éprouvez un petit choc : contrairement au reste de la ville, la façade de la basilique est complètement nue, faite de simples briques.

Un visiteur qui sort de l'église s'approche de vous et vous tend un dépliant avec des explications sur le monument. Il baragouine quelques mots en italien que vous ne comprenez malheureusement pas. Vous le remerciez d'un grand sourire gêné et d'un hochement de tête. Par chance, vous remarquez que le dépliant, qui est à disposition pour les visiteurs à l'entrée de la basilique, est traduit en plusieurs langues. Grâce à la version française, vous apprenez que l'actuelle basilique – dite mineure car non honorée par le Saint-Siège – fut construite sur le site d'une précédente église érigée en 393, puis rebâtie en 1060.

C'est Giovanni de Bucci qui demanda en 1424 à Brunelleschi de la reconstruire mais, faute de moyens, elle ne fut achevée qu'en 1460. La façade, dessinée et imaginée par Michel-Ange au début du XVIe siècle, ne fut donc jamais réalisée.

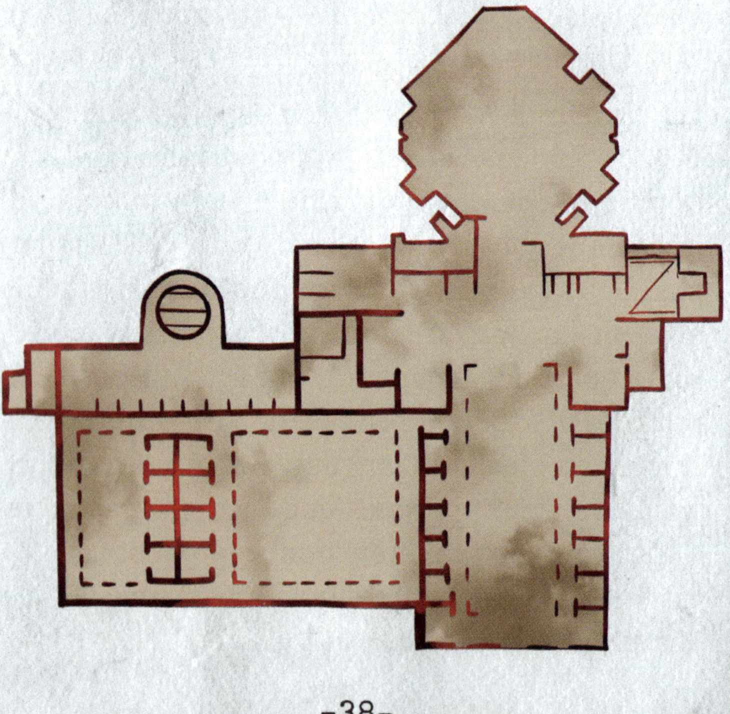

Dans le document, vous trouvez également un plan de la basilique, assez succinct.

Pour pénétrer à l'intérieur, il vous faut passer un portail de sécurité.

Vous ôtez donc votre veste et votre ceinture et vous déposez vos objets métalliques dans le bac prévu à cet effet. Quand vous passez la barrière, la lumière s'éclaire en rouge et un bip retentit. L'agent de sécurité vous fait signe d'enlever votre montre et votre chevalière[2]. Ce contrôle de sécurité est plus drastique qu'à l'aéroport !

---

[2] *Alex et le secret de Toutankhamon*, éditions Larousse.

Quelques instants plus tard, une fois vos affaires récupérées, vous pénétrez à l'intérieur de l'église. Celle-ci, bien que dépouillée, est cependant nettement plus travaillée que sa façade.

Divisée dans le sens de la longueur en trois nefs, la basilique est décorée par deux files de colonnes. Son plafond est plat et orné de caissons de rosaces dorées. En avançant, vous découvrez de chaque côté du chœur deux chaires, posées sur des colonnes, réalisées par le célèbre Donatello.

Au fond de l'église, vous levez les yeux pour admirer la coupole, entièrement recouverte de fresques de Vincenzo Meucci, qui représentent en gloire les saints florentins et les quatre Pères de l'Église.

Vous ne vous attardez pas trop sur cette magnifique peinture plus récente – elle date de 1742 – et vous vous dirigez vers le transept nord de l'église pour vous rendre à la Sagrestia Nuova, la nouvelle chapelle des Médicis.

Michel-Ange, au sommet de sa gloire, conçut les plans de cet édifice en se basant sur ceux réalisés un siècle plus tôt par Brunelleschi, lequel avait construit, au niveau du transept sud, la Sagrestia Vecchia pour la famille des Médicis. Michel-Ange garda l'idée d'un espace carré surmonté d'une coupole et de l'utilisation d'une pierre grise contrastant avec le marbre.

Au centre, vous apercevez un autel et, sur trois des murs, trois monuments funéraires. Le premier en l'honneur de Julien – duc de Nemours –, le second pour Laurent – neveu de Julien et père de Catherine de Médicis – et le dernier, commun, pour Laurent le Magnifique et son frère Julien.

Ces tombeaux, allégories à la gloire intemporelle des Médicis, sont tout simplement somptueux et monumentaux ! Vous êtes ébloui par tant de raffinement.

Il vous faut quelques minutes pour reprendre vos esprits. Vous devez vous focaliser de nouveau sur votre mission. Vous êtes dans cette nouvelle chapelle, mais que faire maintenant ? Où regarder ? Y a-t-il un indice gravé quelque part ? Faut-il trouver un bouton sur lequel appuyer ?

À quel endroit devez-vous regarder ?

Si vous êtes bloqué, consultez l'**indice** 5198. Vous êtes toujours bloqué ? Consultez l'**indice** 1907 à la fin du livre.

Votre regard se pose sur les moindres recoins. Malgré les panneaux d'interdiction, vous glissez de temps à autre vos mains, le plus discrètement possible, sur le marbre lisse des statues, à la recherche d'une aspérité indiquant un bouton caché.

Les visiteurs vous jettent des regards étonnés et vous les entendez murmurer. Bien sûr, ils ignorent tout de votre mission !

Ceci dit, vu comment c'est parti, vous n'êtes pas près de réussir. Après une bonne demi-heure de recherche et un sermon incompréhensible de la part d'un vigile, vous êtes toujours bredouille.

Vous reculez et vous vous rendez derrière l'autel pour avoir une vue d'ensemble du bâtiment. Vous regardez à gauche… à droite… en haut… en bas…

Rien. Rien ne vous saute aux yeux. Dépité, votre regard vagabonde et se pose sur les visiteurs. Vous esquissez un sourire en remarquant un jeune couple d'amoureux. Pendant que le jeune homme observe avec minutie la statue de Laurent le Magnifique, sa moitié lui lit le paragraphe de la brochure qui détaille cette partie du monument. C'est tellement mignon.

Soudain, c'est le déclic. La brochure ! Ce n'est sans doute pas par hasard qu'on vous l'a donnée tout à l'heure. Vous la ressortez de votre poche et regardez le paragraphe qui traite de la chapelle. Rien.

Vous jetez alors un coup d'œil sur le plan et vous remarquez que l'emplacement d'un des tombeaux a été entouré (**lettre Z**).

Vous notez les lettres suivantes :

Rnvr m'zslnjsd

Au vu de l'aspect érodé de ces lettres, vous vous dites que c'est forcément un indice laissé par Michel-Ange lui-même. Mais de prime abord, vous ne comprenez pas du tout de quoi il s'agit. Vous avez juste l'impression d'avoir déjà vu ce type de « phrase ».

Vous sortez de votre poche la petite note contenue dans l'enveloppe que votre rédac' chef a apportée chez vous.

En bas de la note, vous remarquez un enchaînement de petits caractères qui ressemblent à des accents circonflexes, certains dans le bon sens et d'autres inversés. Et si c'étaient des flèches pour indiquer le dessus et le dessous ?

Mais oui, c'est cela ! C'est la clef qui permet de décoder le message du plan. Une chose est sûre, vous êtes sur la bonne piste.

La lettre « r » coïncidant avec une flèche vers le haut, vous obtenez la lettre « s ».

La lettre « n » coïncidant avec une flèche vers le haut, vous obtenez la lettre « o ».

La lettre « v » coïncidant avec une flèche vers le bas, vous obtenez la lettre « u ».

En suivant cette logique, vous parvenez sans difficulté à décrypter la phrase et vous obtenez :

Sous l'armoire

Ravi d'avoir décodé cet indice, vous vous apprêtez à découvrir ce qu'il peut y avoir sous l'armoire.

Mais quelle armoire ?

Il n'y a pas d'armoire !

Pourrait-elle se trouver dans l'une des antichambres qui jouxtent la nouvelle chapelle ?

Le plus discrètement possible, vous entrouvrez la première des quatre portes à proximité. Celle-ci donne sur une toute petite salle, un vestiaire. Hormis une patère fixée au mur, il n'y a rien d'intéressant, vous semble-t-il.

Les deuxième et troisième portes sont fermées à clef. Vous décidez de tenter votre chance avec la quatrième : celle-ci débouche sur une arrière-pièce dans laquelle sont stockés des produits d'entretien, quelques prie-Dieu à réparer et… une armoire.

Lançant un regard furtif pour vérifier que l'on ne peut pas vous voir, vous vous faufilez dans la pièce et refermez délicatement la porte derrière vous.

Vous vous jetez rapidement au sol pour regarder sous l'armoire mais, hormis de la poussière, vous n'y voyez rien. Vous glissez votre main sous l'armoire. N'y aurait-il pas un message gravé à même le bois ? Hélas, vous ne sentez rien. Vous sortez alors votre portable et allumez la lampe torche pour essayer d'y voir plus clair.

L'espace étant très exigu, vous avez toutes les peines du monde à voir quoi que ce soit. Soudain, vous faites malencontreusement tomber votre téléphone. Dans sa chute, il émet un bruit plus sourd que de coutume. Vous le récupérez et tapotez le sol tout autour. Sous l'armoire, ça sonne creux.

« *Sous l'armoire* » voulait en fait dire « En dessous » !

Vous vous relevez en quatrième vitesse et tentez de déplacer l'armoire. Elle est fixée au mur par de vieilles pattes métalliques qui n'ont pas dû bouger depuis des siècles. En utilisant ce que vous trouvez dans la pièce et en croisant les doigts pour ne pas faire trop de bruit, vous parvenez à désolidariser les attaches du mur. Après un nouvel effort pour décaler la lourde armoire, vous parvenez à glisser vos mains sous une des lattes du parquet, qui semble se soulever.

Avec la latte, tout un panneau de bois se lève. C'est une trappe ! Vous venez de découvrir un escalier secret qui s'enfonce sous la basilique.

Prenant votre courage à deux mains, vous vous munissez de votre lampe torche et vous entamez votre descente.

Cave secrète, basilique San Lorenzo

Vous n'en croyez pas vos yeux. Après avoir descendu une dizaine de marches, vous arrivez dans une large pièce de sept mètres sur trois dont la forte odeur vous rappelle celle d'une cave humide.

À l'intérieur, vous ne voyez rien. Mais juste avant que la déception détruise votre enthousiasme, vous comprenez qu'un trésor est bien caché ici : non pas dans la pièce, mais sur ses murs.

Vous découvrez en effet de magnifiques dessins qui vous semblent avoir été faits par Michel-Ange lui-même au fusain et au charbon.

Vous restez un long moment ébahi devant tant de génie.

Serait-ce donc ici que l'artiste s'est abrité en 1530 quand il s'est caché de la famille des Médicis, ses anciens mécènes ?

Michel-Ange avait en effet dû se cacher car les Médicis avaient mis sa tête à prix, ne lui ayant jamais pardonné le fait qu'il ait pris le parti des Florentins en 1527, lors de l'insurrection populaire qui chassa les Médicis de Florence. Lorsque les Médicis revinrent donc au pouvoir en 1530, Michel-Ange n'eut d'autre choix que de s'enfuir.

Heureusement, Jules de Médicis, plus connu sous le nom du pape Clément VII, mit fin à ses menaces de mort et chargea Giorgio Vasari, un architecte, de retrouver Michel-Ange, dont la ville de Florence ne pouvait se passer en raison de son génie.

Vous découvrez sur les murs abimés de la pièce des dessins d'œuvres connues : un détail de la statue de David, des personnages de la chapelle Sixtine, un visage barbu, des esquisses de jambes, des chevaux...

C'est époustouflant.

Vers le bas du mur, un gribouillis attire votre attention. Vous frottez un peu le mur pour ôter la moisissure et découvrez une série de lettres ainsi qu'une esquisse.

Affronta
IVLIIGIAVOII
Indica la Strada

Vous parvenez à lire la phrase suivante :

Affronta... indica la strada.

Votre italien étant un peu rouillé, vous utilisez le peu de connexion Internet que vous captez dans cette cave pour traduire cette phrase.

Il fait face à... et indique le chemin.

Vous vous dites qu'il doit s'agir d'un message laissé par le maître lui-même car cela vous semble trop énigmatique pour être une simple annotation griffonnée sur le bas d'un mur.

Mais que peut bien signifier cette série de lettres en majuscule ?

Vous êtes en Italie, alors peut-être sont-ce des chiffres romains ? Indiqueraient-ils une date ? Si tel était le cas, la phrase ne voudrait pas dire grand-chose.

Ceci dit, certaines lettres ne sont pas des symboles utilisés pour écrire des chiffres ou des nombres. Il va falloir vous creuser un peu les méninges pour découvrir la signification de ce message.

Que signifie le mot en lettres majuscules ?

Si vous êtes bloqué, consultez l'**indice** 3827. Vous êtes toujours bloqué ? Consultez l'**indice** 9217 à la fin du livre.

C'est grâce aux lettres qui ne sont pas utilisées pour écrire des chiffres romains que vous réussissez à comprendre de quoi il s'agit.

En partant de la fin de la suite de lettres, vous parvenez à isoler :

- O II

- A V

- G I

- L III

- I IV

À ce moment-là, tout s'éclaire. Chacune de ces lettres est suivie d'un chiffre. Cela donne :

O 2 / A 5 / G 1 / L 3 / I 4

Il suffit alors de replacer les lettres dans l'ordre croissant des chiffres romains qui les accompagnent. On obtient ainsi : G O L I A.

« *Golia* »... Mais qu'est-ce donc ? Vous utilisez encore une fois votre téléphone et découvrez qu'il s'agit de Goliath en italien, le célèbre personnage dont le combat fut raconté aussi bien dans la Bible que dans le Coran.

La phrase devient donc :

Il fait face à Goliath et indique le chemin.

Qui est ce « il » ? Vous avez son nom sur le bout de la langue...

Quel est le nom de cet autre personnage biblique qui fit tomber le géant ?

Si vous êtes bloqué, consultez l'**indice** 4361. Vous êtes toujours bloqué ? Consultez l'**indice** 4429 à la fin du livre.

Mais oui, c'est cela ! C'est David ! Vous êtes d'autant plus sûr d'être sur le bon chemin que vous vous souvenez que Michel-Ange a réalisé une sculpture de David entre 1501 et 1504. Cette statue devrait pouvoir vous éclairer.

Mais tout d'abord, vous devez sortir d'ici sans vous faire remarquer. Avant de partir, vous prenez en photo toutes les parois de la cave.

Vous empruntez l'escalier pour remonter dans la petite salle supérieure, vous refermez la trappe et vous remettez l'armoire à sa place. Vous ne savez pas ce qu'elle peut bien contenir, mais votre épaule est ravie que ce soit la dernière fois que vous êtes obligé de la déplacer.

Maintenant, comment faire pour sortir de la pièce sans vous faire repérer ? Vous regardez par la serrure, mais vous ne voyez rien.

Vous entrouvrez la porte, et vous vous retrouvez nez à nez avec un membre de la sécurité du lieu.

Il vous faut vite trouver quelque chose à dire pour ne pas éveiller les soupçons !

- Toilettas ? Toilettestino ? demandez-vous . d'un air gêné et niais.

L'homme en face de vous, les sourcils froncés, vous répond d'une manière sévère en indiquant la sortie. Il jette un œil dans la pièce dont vous venez de sortir et ferme la porte à clef. Vous ne demandez pas votre reste et vous marchez d'un pas rapide vers la sortie de la basilique, tout en sentant le regard du gardien dans votre dos.

Une fois dehors, vous respirez !

Maintenant, il est temps d'aller rendre visite à la statue du David de Michel-Ange.

Galleria dell'Accademia, Florence

Après avoir acheté votre billet d'entrée pour le musée, vous prenez le plan du lieu et vous vous dirigez sans hésitation vers la salle où est exposé le célèbre géant de marbre.

Au détour d'un couloir, vous l'apercevez sous une demi-coupole. La sculpture, haute de plus de cinq mètres, est d'un blanc immaculé. Quelle splendeur !

Après avoir observé avec admiration cette statue quelques minutes, vous feuilletez la brochure du musée. Vous y apprenez que la statue est constituée d'un seul bloc de marbre blanc de Carrare que tous les autres sculpteurs avaient laissé de côté. Seul Michel-Ange a su tirer parti de l'étroitesse du bloc et est parvenu à contourner son défaut majeur – une brèche – en détachant le bras de la sculpture du torse. David est nu et ne possède qu'une fronde, qu'il tient dans sa main gauche.

En regardant de près la statue, vous êtes ébahi par la finesse du travail de l'artiste.

Outre le contrapposto – le fait qu'une seule des deux jambes porte le poids du corps –, la peau du colosse semble incroyablement réelle. Sur ses mains, on distingue presque par transparence les veines et les muscles. Son torse aux muscles saillants vous donne même l'impression que David respire sous vos yeux. En regardant cette statue, tout visiteur peut avoir l'impression qu'elle va se déplacer d'un instant à l'autre.

Et Michel-Ange n'avait que vingt-six ans quand il a débuté cette œuvre et l'a achevée au bout de quatre ans seulement ! Le talent, ça ne s'invente pas !

Vous vous remémorez soudain la seconde partie de la phase laissée par Michel-Ange sur le mur de la cave secrète : *Il indique le chemin.*

David indique-t-il le chemin par son regard ? Pointe-t-il quelque chose du doigt ?

Son doigt ! Vous vous souvenez que, sur le mur de la cave, c'était un doigt de la main gauche qu'on apercevait. Or, en regardant la statue, on se rend compte qu'un doigt de la main gauche de David pointe derrière lui. Mais derrière lui, il n'y a rien !

En continuant la lecture de la brochure, vous découvrez que la statue a été déplacée depuis la mort de l'artiste. En effet, pour la protéger des effets néfastes des intempéries, elle fut transportée dans le musée. Mais préalablement, elle était située devant le palais Vecchio. Votre prochaine destination est donc on ne peut plus claire !

Palais Vecchio, Florence

Vous voici à présent parmi la foule, sur la place de la Seigneurie. Vous vous retrouvez au pied d'une forteresse très rectangulaire mais néanmoins superbe : le palais Vecchio.

Devant sa façade, vous apercevez une réplique grandeur nature du David de Michel-Ange. D'après vos recherches, l'original n'était pas placé exactement à cet endroit au début. Vous cherchez sur le plan du palais la localisation exacte de la statue.

Vous vous rendez alors compte que si une ligne droite partait de la main gauche du colosse, elle désignerait très nettement la Salle des Cinq-Cents.

Quelques longues minutes plus tard, après vous être frayé un chemin à travers la foule, vous rejoignez, au premier étage du palais, la magnifique et imposante Salle des Cinq-Cents, construite en 1494.

Avec ses cinquante-quatre mètres de long, vingt-trois mètres de large et dix-huit mètres de haut, cette pièce pouvait accueillir les cinq cents membres du conseil de la République florentine.

Un guide vous explique qu'en 1503, la seigneurie de Florence voulut décorer l'immense salle avec des œuvres d'artistes en vogue.

Pier Soderini, le gonfalonier de l'époque – c'est-à-dire le magistrat – demanda alors à deux grands maîtres d'orner les murs avec de gigantesques fresques à la louange de la République : Michel-Ange et... Léonard de Vinci !

La première rencontre entre ces deux génies s'est donc faite dans cette salle.

Au vu des indices laissés par Michel-Ange, il vous semble clair à présent qu'il fut le premier disciple de Léonard de Vinci[3]. Pas sur le plan artistique, car les deux hommes étaient rivaux de ce point de vue. Aucun d'eux n'appréciait en effet le travail de son confrère, De Vinci allant même jusqu'à comparer les nus de Michel-Ange à des sacs de noix...

---

[3] Alex et le secret de Léonard de Vinci », Ed. Larousse

Vous vous asseyez un instant car vous venez de réaliser que tous les messages laissés par Michel-Ange pourraient vous conduire à percer un secret bien gardé jusqu'ici.

Vous poursuivez votre visite en espérant trouver un nouvel indice quelque part. En vous renseignant auprès d'un guide, vous apprenez que Léonard de Vinci fut chargé d'illustrer la victoire d'Anghiari, et Michel-Ange celle de Cascina : œuvres inachevées qui restèrent longtemps à l'état d'esquisses puis furent perdues au XVIIe siècle.

Comment peut-on perdre les œuvres de génies de cet acabit ?

Hélas, vous réalisez alors que vous êtes, vous aussi, perdu ! Vous n'avez pas la moindre idée de ce que vous devez chercher à présent. Que faire ? Où chercher ?

Vous flânez dans la pièce et vous vous dirigez vers la sortie du palais. En passant près de la boutique du musée, vous apercevez des babioles en tout genre. Soudain, un magnet difforme *made in China* attire votre attention.

DAVID & GOLIATH
9,90 €

Y aurait-il un autre David réalisé par Michel-Ange ? Serait-ce de celui-ci dont il était question au sous-sol de la basilique San Lorenzo ?

Vous demandez au vendeur d'où provient l'œuvre représentée sur le magnet et il vous explique que c'est un détail d'un célèbre plafond, celui de la chapelle Sixtine, au Vatican.

Votre interlocuteur vous propose alors un magnifique livre sur les splendeurs et les œuvres du Vatican. Malgré un prix à la limite du raisonnable, vous l'achetez. Vous parcourez les pages de l'ouvrage pendant le long trajet en bus qui vous conduit vers Rome.

BASILICA DI SAN PIETRO

La place Saint-Pierre est située sur la rive droite du Tibre au Vatican. Cette grande place de style baroque est dominée par la basilique Saint-Pierre.

Cette basilique est le plus important édifice religieux de l'Église catholique. Sa construction dura plus d'un siècle, s'étalant de 1506 à 1626.

De nos jours, la basilique est inscrite au patrimoine mondial établi par l'UNESCO.

ARMORIALE DEI PAPI

Les armoiries papales (ou pontificales) apparurent au milieu du XIe siècle.

Elles étaient composées d'une tiare ou d'une mitre, des clefs de saint Pierre et d'un écu comportant des éléments propres aux papes.

Voici quelques exemples d'armoiries :

Jules II

Clément VIII

Innocent VIII

Pie II

Jules III

Paul II

MUSEI VATICANI

Avec pas moins de cinq galeries, mille quatre cents salles et sept kilomètres de couloirs, les douze musées du Vatican abritent l'une des plus grandes collections d'art du monde.

La majeure partie des musées du Vatican sont visités chaque année par plus de six millions de touristes.

Pourquoi réunir autant d'œuvres à cet endroit ? Car l'art ne sert pas seulement à rendre compte de la beauté de la création, mais permet également d'évangéliser. À la Renaissance, une grande majorité du peuple ne savait pas lire. C'était donc grâce aux sculptures et aux peintures que les gens apprenaient.

CAPPELLA SISTINA

La chapelle Sixtine – Sacellum Sixtinum en latin – est la plus grande chapelle du Vatican. C'est ici que, depuis le XVe siècle, les cardinaux se réunissent en conclave pour élire le nouveau pape.

Sa voute est décorée par des fresques de Michel-Ange et fut inaugurée le 31 octobre 1512 par le pape Jules II.

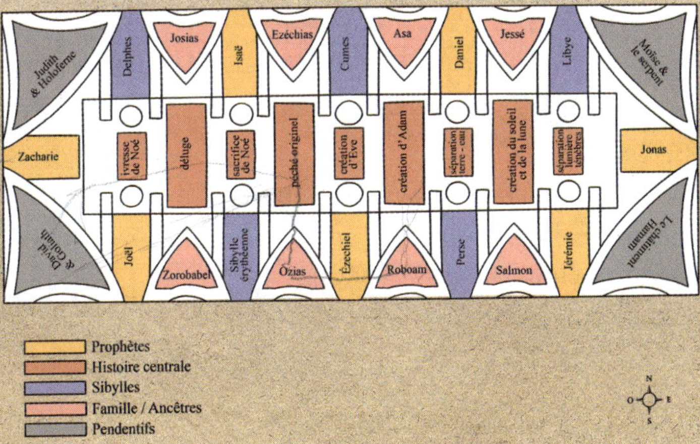

IN HONOREM PRINCIPIS APOST PAVLVS

S ROM NVS ONTM XANMDCXII PONT VII

Chapitre IV

Italie, Vatican

Vous pensiez avoir perdu du temps en faisant la queue à Florence ? Vous découvrez que ce n'était rien comparé au temps que vous passez place Saint-Pierre avant de pouvoir entrer dans la célèbre chapelle Sixtine. Vous profitez cependant de ces longues minutes pour admirer la magnifique architecture.

Deux heures plus tard, vous entrez par la porte centrale du mur ouest.

Ce qui vous interpelle en premier lieu, c'est l'immense fresque qui se trouve sur le mur derrière l'autel. Ce *Jugement dernier* a été peint par Michel-Ange quelques années après qu'il ait peint le plafond.

La dimension de cette fresque et ses couleurs vives vous laissent sans voix. Vous regardez dans votre livre au cas où un chapitre parlerait de cette peinture quand, soudain, un petit morceau de papier s'échappe de l'ouvrage.

Suivez *ce trajet à la* ***lettre****. Depuis l'entrée, rendez-vous sous la création d'Adam, rejoignez l'ancêtre au sud, puis allez au suivant en passant sous Ézéchiel. Redécouvrez alors le péché originel. Enfin, allez sous celui que vous venez voir et entrez.*

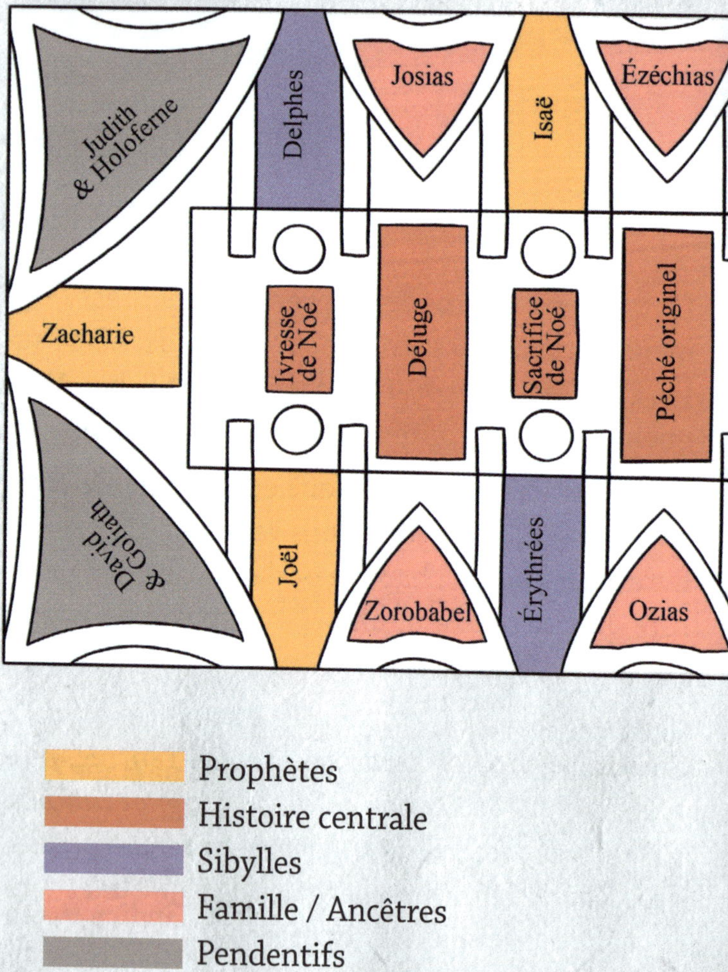
Judith & Holoferne
Delphes
Josias
Isaë
Ézéchias
Zacharie
Ivresse de Noé
Déluge
Sacrifice de Noé
Péché originel
David & Goliath
Joël
Zorobabel
Érythrées
Ozias
Prophètes
Histoire centrale
Sibylles
Famille / Ancêtres
Pendentifs

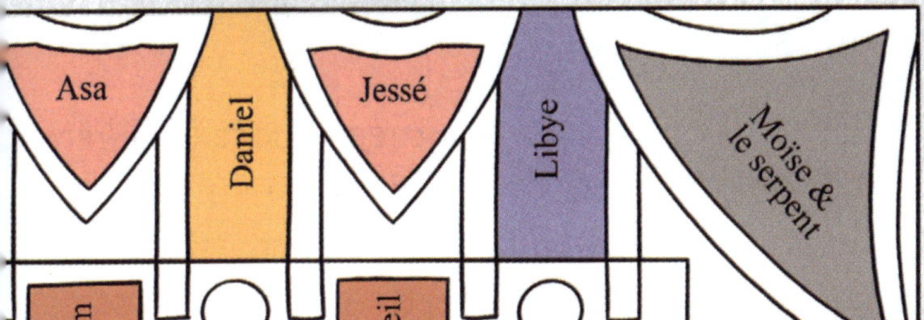

En suivant les indications du message, pourrez-vous déterminer quelle sera votre prochaine étape ?

Si vous êtes bloqué, consultez l'**indice** 5734.
Vous êtes toujours bloqué ? Consultez l'**indice** 1619 à la fin du livre.

Vous entrez par la porte située sous le *Prophète Zacharie*, à l'ouest de la pièce. En suivant les indications, vous vous rendez successivement sous la *Création d'Adam*, sous *Roboam*, sous *Ozias*, puis sous le *Péché originel*, et enfin sous *David et Goliath*, le second David réalisé par Michel-Ange.

En traçant votre chemin sur le plan de votre dépliant, vous obtenez la lettre R. Vous arrivez alors devant une porte en bois surmontée d'une inscription : *D'azur aux rameaux d'or.*

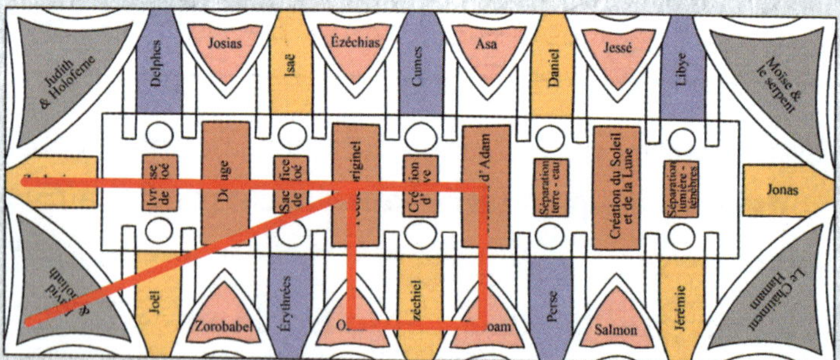

Sur la porte, un petit écriteau précise : « Interdit d'accès à toutes personnes, hors clergé ».

Il vous faut entrer, comme l'exige la note qu'on vous a remise ! Donc, vous n'avez pas vraiment le choix. Certes, vous pourriez faire demi-tour, mais vous n'avez pas traversé tout ce chemin pour rien !

Vous scrutez les alentours et observez rapidement la ronde des gardiens. Vous profitez d'une minute d'inattention pour ouvrir cette mystérieuse porte et vous engouffrer dans la pièce.

Vous refermez le plus délicatement possible la porte en remarquant que la serrure émet un petit bruit métallique.

Vous voici dans le noir ! Vous allumez votre lampe torche et vous découvrez non pas une pièce, mais un long couloir.

Les murs sont revêtus de bas-reliefs sculptés dans le bois, ce qui donne un aspect inquiétant à l'endroit.

Vous avancez prudemment, en scrutant le décor et en restant attentif au moindre bruit.

Un bas-relief vous interpelle. Vous y apercevez une série de lettres, ou plutôt, un alphabet au complet. Ce dernier est gravé sur le mur de gauche, entre deux représentations de personnages religieux. En y regardant de plus près, vous vous apercevez que les lettres sont en fait des boutons.

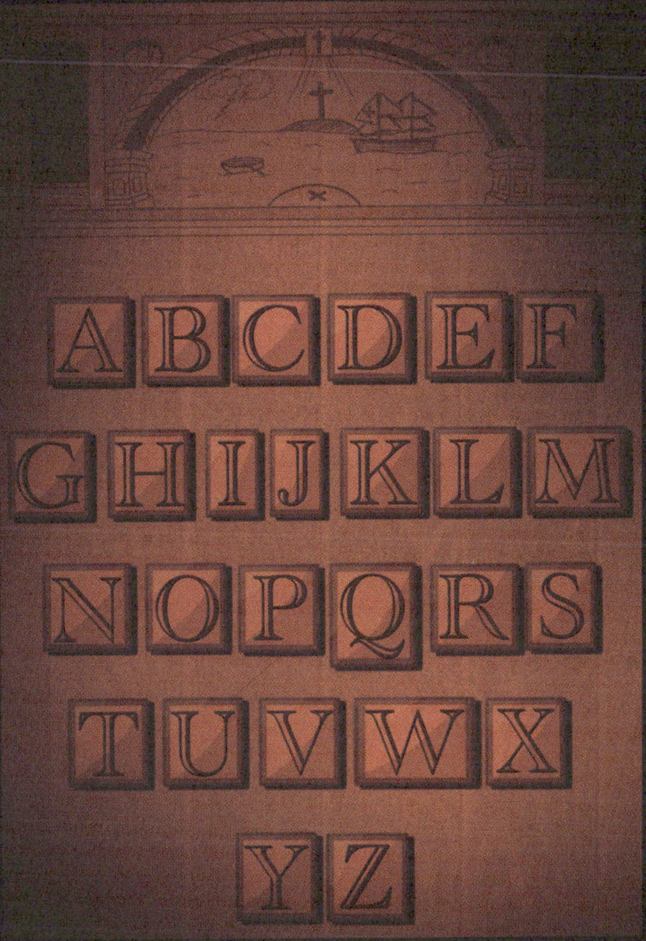
A B C D E F
G H I J K L M
N O P Q R S
T U V W X
Y Z

Y aurait-il un coffre-fort dans le mur ? Reste à trouver le bon code pour en avoir le cœur net !

Ce code aurait-il un rapport avec la phrase gravée au-dessus de la porte qui menait à ce couloir ? Mais d'ailleurs, quelle était cette phrase, déjà ?

Vous vous apprêtez à faire demi-tour, mais vous vous immobilisez : impossible de retourner en arrière, vous risqueriez de vous faire repérer.

Il va falloir compter sur votre mémoire !

Quel est le mot code ?

Attention !

Vous ne pouvez pas revenir en arrière. Seules les pages **74 à 77**, qui correspondent au livre que vous transportez, vous sont autorisées.

Ne tournez pas la page avant d'avoir résolu l'énigme. Si vous êtes bloqué, consultez l'**indice** 3719. Vous êtes toujours bloqué ? Consultez l'**indice** 2928 à la fin du livre.

Maintenant, si vous êtes sûr de vous, c'est parti : lisez la page suivante et poursuivez votre aventure.

« *D'azur aux rameaux d'or.* »

Ça y est, vous vous souvenez de la fameuse phrase ! Pour autant, cela ne vous aide pas tellement. À moins que…

Vous attrapez le livre que vous avez acheté à Florence et vous regardez la page qui parle des armoiries papales.

« Azur » correspond à la couleur bleue, et « or » au jaune. Vous devez donc trouver un arbre jaune sur fond bleu.

Ce sont les armoiries de Jules II ! Mais oui ! C'est le pape qui demanda à Michel-Ange de peindre le plafond de la chapelle Sixtine.

Vous appuyez donc sur les cinq lettres qui composent le nom de ce pape : J U L E S.

Clic !

C'est le bon code ! Il s'est passé quelque chose, mais quoi ?

Vous cherchez quelle partie du bas-relief a bougé et vous vous rendez compte qu'un pan entier s'est ouvert. Vous n'avez pas trouvé un coffre, mais une porte dissimulée !

Derrière cette porte, vous découvrez un escalier qui s'enfonce dans la pénombre.

Vous descendez une trentaine de marches et vous vous retrouvez dans une salle aux dimensions raisonnables. Sur les murs, vous apercevez d'étranges silhouettes peintes. Immédiatement, vous y voyez une représentation d'un pape et de

ses cardinaux. Vous reconnaissez des armoiries papales sur un mur. Vous remarquez également un étrange damier peint sur la droite.

Au centre de la pièce trône un imposant coffre.

Malgré la pénombre, vous remarquez quelques esquisses sur les murs, sans doute réalisées par Michel-Ange lui-même ! Cette salle secrète a sans aucun doute été construite et décorée par Michel-Ange pour le compte du pape Jules II, vu qu'il était aussi architecte.

Incroyable ! Tout le monde lève la tête pour admirer le plafond de la chapelle Sixtine sans savoir que sous son plancher se cache une étonnante salle secrète !

Que peut-il bien y avoir dans ce grand coffre ?

Les croix en or qui l'ornent vous confirment que ce coffre appartient bien à l'Église.

Vous avez terriblement envie de l'ouvrir. Si Michel-Ange a laissé autant d'indices pour mener un initié jusqu'à ce coffre, c'est que son contenu doit avoir de l'intérêt !

3
F
S

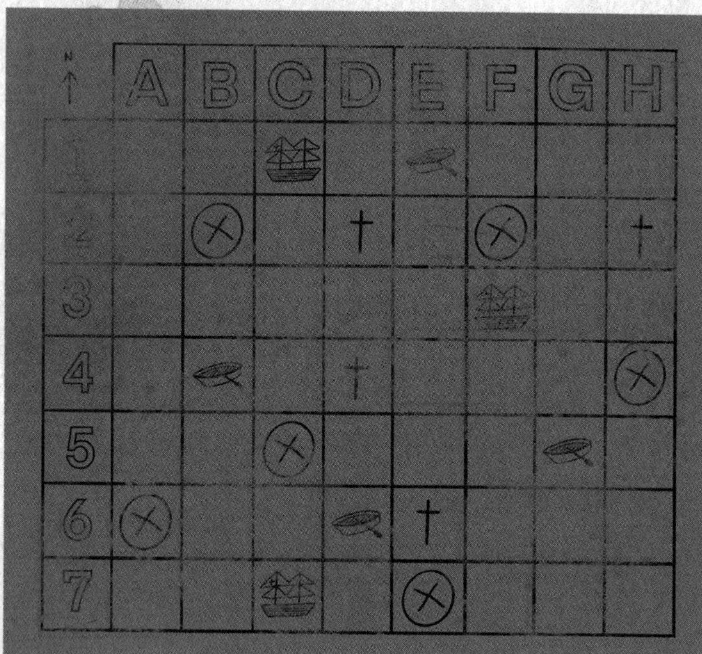
N
A B C D E F G H
1
2
3
4
5
6
7

En regardant de plus près, vous vous rendez compte que le coffre est fermé à l'aide de trois verrous rotatifs.

La première bague laisse apparaître les lettres de A à H. Sur la deuxième bague se trouvent les chiffres de 1 à 7. Enfin, la dernière bague ne présente que quatre lettres : S, N, E et O.

Vous vous rapprochez du mur pour observer le quadrillage partiellement effacé mais encore lisible.

Maintenant, il vous faut trouver le bon code pour ouvrir le coffre !

Quel est le code du coffre ?

Ne tournez pas la page avant d'avoir résolu l'énigme. Si vous êtes bloqué, consultez l'**indice** 1322. Vous êtes toujours bloqué ? Consultez l'**indice** 5527 à la fin du livre.

Maintenant, si vous êtes sûr de vous, c'est parti : lisez la page suivante et poursuivez votre aventure.

Sur la première bague du coffre sont gravées les lettres de A à H. Cela correspond aux colonnes du damier. La deuxième bague contient les chiffres de 1 à 7, qui correspondent aux lignes du même damier.

La troisième et dernière bague possède des lettres qui correspondent aux coordonnées cardinales : nord, sud, ouest, est.

En cherchant bien sur le damier, vous remarquez dans le coin, en haut à gauche, une petite flèche indiquant le nord.

Soudain, vous avez un éclair de génie.

Dans le couloir, en haut des escaliers, sur le panneau en bois où vous avez appuyé, il y avait une gravure contenant les mêmes symboles que sur le damier, à savoir une croix, un bateau et une barque !

Il vous faut donc trouver les coordonnées qui correspondent au point de vue de la scène gravée.

En prenant comme point de départ la croix qui symbolise votre position actuelle, vous testez plusieurs possibilités en observant le damier.

Il vous faut trouver une case qui ait une barque sur la gauche, un bateau sur la droite et une île avec une croix dessus au fond.

Seule la case H4, direction ouest, correspond à ces critères.

Vous vous dirigez vers le coffre et entrez la combinaison suivante : H4O.

Pendant de longues secondes, rien ne se passe. Puis un petit bruit mécanique attire votre attention.

Le couvercle du coffre se détache soudain de la base : il est ouvert !

Vous soulevez délicatement le couvercle. À l'intérieur, vous découvrez quelques dizaines de vieux grimoires.

Vous en prenez un et l'ouvrez avec prudence. Vous parcourez l'ouvrage écrit à la plume quelques instants. Ces parchemins vous intriguent. On vous a déjà parlé des archives du Vatican, lesquelles ne peuvent être consultées que partiellement et avec une accréditation en haut lieu. Mais là, vous feuilletez apparemment des archives secrètes, non répertoriées par le Vatican.

Vous voici donc nez à nez avec les lourds secrets du Vatican !

Sans doute tenez-vous entre vos mains des informations véridiques sur des décisions embarrassantes des conclaves, sur des manigances de pouvoir, des rumeurs, des intrigues, des scandales...

Bien que très croyant, Michel-Ange, aurait ainsi mis en lieu sûr certains documents secrets liés au Vatican, sans doute influencé par Léonard de Vinci.

Il vous faut absolument prendre quelques photos de ces grimoires. Vous attrapez le manuscrit qui vous semble le plus récent en espérant y trouver des révélations dignes d'alimenter un article des plus percutants !

Soudain, vous tombez sur des photos... mais pas n'importe lesquelles !

Ce sont des photos de vous, dans tous les lieux que vous avez visités depuis votre entrée parmi les disciples :

Amboise,

Paris,

Le Caire,

Florence…

Vous découvrez également des rapports qui font état de vos découvertes et de vos explorations.

Ainsi étiez-vous étroitement surveillé ces douze derniers mois ! Vos guetteurs étaient là, tapis dans l'ombre, à vous observer, à vous traquer depuis tout ce temps. Mais que veulent-ils ?

Soudain, votre cœur s'emballe.

S'ils vous traquent…

Ils savent sûrement que vous êtes ici !

À peine cette idée vous effleure l'esprit qu'un bruit de pas se fait entendre au-dessus de vous.

Ils arrivent, vous dites-vous. Est-ce un piège ? Que vous veulent-ils ?

Vous remettez tout en vrac dans le coffre et vous cherchez un endroit pour vous cacher ou, encore mieux, pour vous enfuir !

Michel-Ange aurait-il pensé à créer une deuxième entrée, un passage secret ?

Vous tapotez les parois à la recherche d'une issue. Soudain, un pan de mur sonne creux : il doit y avoir un couloir derrière ! Vous poussez de toutes vos forces la paroi dont une partie pivote.

Vous vous glissez de l'autre côté du mur au moment même où vos assaillants pénètrent dans la pièce.

Profitant de cette courte avance, vous courez jusqu'à vous retrouver à une intersection. Pourvu que cela ne soit pas un labyrinthe ? Il ne manquerait plus que cela ! En vous fiant au hasard, vous empruntez le couloir de gauche. Après quelques dizaines de mètres dans cette obscure clarté, vous tombez à nouveau sur un embranchement. Cette fois-ci, vous décidez de prendre à droite. Mais encore une fois, vous vous retrouvez à un croisement.

Vous avez l'impression d'être pris au piège tel un rat de laboratoire.

Vous commencez à paniquer. Comment faire pour sortir de cet endroit le plus rapidement possible ?

Vous décidez de prendre exemple sur le Petit Poucet et vous laissez une trace sur les murs pour marquer votre passage. Vous en êtes convaincu : cette méthode est infaillible !

Hélas, quelques minutes plus tard, vous tombez nez à nez avec l'une de vos traces ! Vous vous écroulez par terre.

Quand vous rouvrez les yeux, vous remarquez quelque chose que vous n'aviez pas vu jusqu'à présent.

Là, juste devant vous, sur le mur, vous apercevez un schéma gravé dans la pierre ! Serait-ce une carte ?

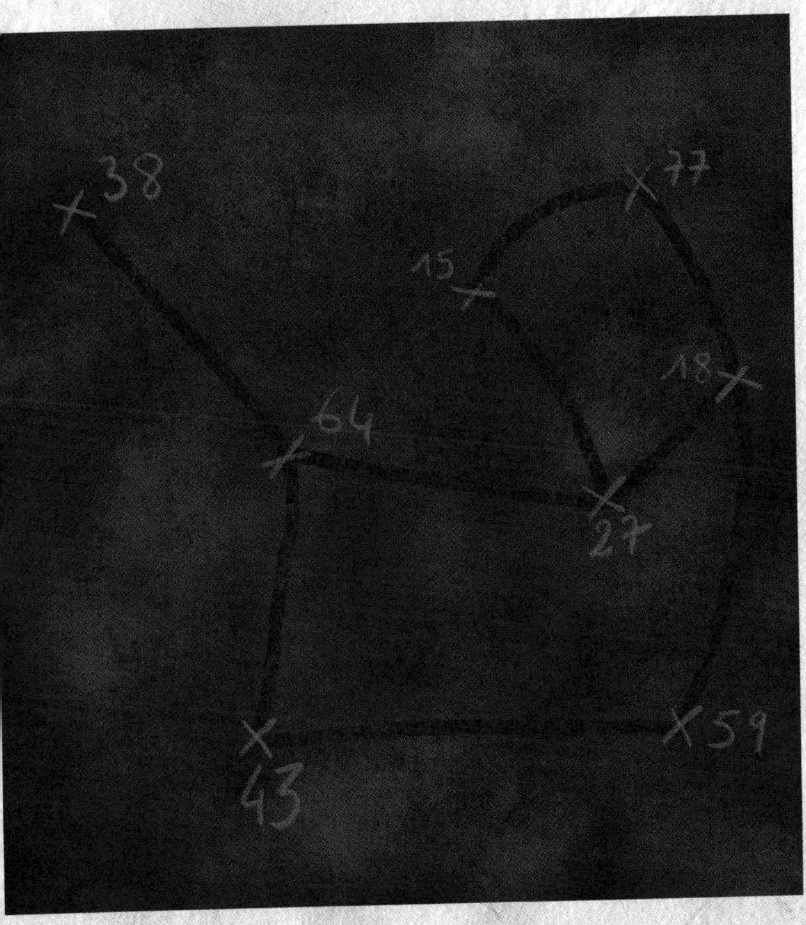
38
77
15
18
64
27
59
43

Non loin de là, vous découvrez des inscriptions.

Tu iras tout droit,
puis tu bifurqueras du côté opposé
à la main qui tient la fronde.

Ensuite, tu te mettras à la place
de Jonas, regardant la création
du Soleil et de la Lune,
pour te diriger vers Salmon.

Pour finir, tu tourneras du même
cÔté que la main tenant l'épée
qui va s'abattre sur le géant.

Encore une énigme ? Ce n'est pas le meilleur moment pour cela…

Michel-Ange ne pouvait-il pas tout simplement faire un plan du labyrinthe avec une grosse croix rouge indiquant « Vous êtes ici » ?

Mais vous n'avez pas le temps de faire de l'esprit, vous devez trouver la sortie au plus vite.

Quel numéro, sur le plan gravé à même le mur, correspond à la sortie ?

Ne tournez pas la page avant d'avoir résolu l'énigme. Si vous êtes bloqué, consultez l'**indice** 2789. Vous êtes toujours bloqué ? Consultez l'**indice** 2956 à la fin du livre.

Maintenant, si vous êtes sûr de vous, c'est parti : lisez la page suivante et poursuivez votre aventure.

Aller tout droit ? D'accord.

Le côté opposé à la main qui tient la fronde ? Mais quelle fronde ? Celle du David sculpté ? De mémoire, il tient la fronde dans la main gauche, il faut donc aller vers la droite.

Ensuite, Jonas, la création du Soleil et de la Lune, Salmon… Ces éléments font partie de la fresque peinte sur le plafond de la chapelle Sixtine.

En fouillant dans votre livre, vous retrouvez le plan, l'examinez et en déduisez qu'il vous faut aller à gauche.

Enfin, l'épée qui va s'abattre sur le géant, c'est-à-dire Goliath, est tenue par David dans sa main droite, donc il faut aller à droite.

Pour résumer : tout droit, à droite, à gauche, puis à droite !

Après plusieurs essais sur le plan, vous réalisez qu'il n'y a qu'une seule possibilité : il faut partir du point 43 et aller jusqu'au point 77. Ne reste plus qu'à trouver le bon point de départ dans ce labyrinthe et le tour sera joué !

Ce n'est qu'une bonne demi-heure plus tard que vous parvenez à trouver le bon point de départ. Là encore, vous réussissez à faire pivoter un pan du mur. Un air frais pénètre dans le labyrinthe et la lumière vous aveugle.

Vous avez réussi !

La porte dissimulée se referme derrière vous. Vos yeux mettent un peu de temps à s'acclimater et vous découvrez votre lieu d'arrivée : la cour intérieure du château Saint-Ange, à quelques centaines de mètres du Vatican.

Vous ne vous attardez pas et vous quittez l'endroit en vous faufilant parmi les touristes. Pas le temps de retourner à l'hôtel, vos assaillants doivent sûrement vous y attendre !

Vous prenez la direction de la gare routière. Vous rentrerez en bus, ce sera plus discret. Mieux vaut vous rendre invisible quelque temps. Après tout, vous ne savez pas pourquoi ces personnes en savent autant sur vous, et cela ne vous dit rien qui vaille.

Pendant le trajet en bus qui vous ramène à Paris, vous attendez d'être seul pour consulter le plus discrètement possible les photos que vous avez prises dans le souterrain.

Vous pourriez, à défaut d'en faire un article, transmettre ces éléments à un autre disciple qui saurait certainement en faire bon usage.

Hélas, à votre grande surprise, toutes les photos sont blanches et surexposées. Pourtant, la pièce n'était pas baignée de lumière… Que s'est-il passé ? On dirait que les pages que vous avez prises en photo sont voilées.

Trop occupé à regarder ces clichés décevants, vous ne remarquez pas que le bus ralentit, qu'il s'arrête sur le bas-côté de la route et que le chauffeur et tous les passagers descendent.

Vous êtes tout seul dans le bus. Tout est silencieux, mais un petit « bip » répété se fait soudain entendre.

Vous vous levez et vous vous rapprochez. Vous avez un mauvais pressentiment.

Serait-ce une bombe ?

Vous apercevez une petite note, visible à côté de l'engin explosif.

Votre voyage s'arrête ici, disciple. Comme nous sommes bons joueurs, nous vous laissons une courte chance de survie : parviendrez-vous à résoudre cette énigme ?

Sept avant moi ont été Clément, les étoiles sont au départ. Pendant ce temps, les demi-lunes du second Pie ferment la marche. Les couronnes du successeur de l'azur aux rameaux d'or se glissent entre les deux.

Quel est le code à trois chiffres
qui permet de désamorcer l'engin ?

Pour tenter de vous en sortir, envoyez le code de désamorçage à l'adresse suivante :
secretdemichelange@gmail.com

INDICES

1322 - Vous avez déjà vu les symboles présents dans le damier quelque part, mais pas dans cette pièce...

1619 - Prenez un crayon et tracez votre déplacement sur le plan.

1907 - Vous avez la clef pour décoder le message.

2335 - *Cave au vin* = « K vaut 20 ».

2789 - Tout droit / droite / gauche / droite.

2928 - *Azur* = bleu et *or* = jaune. N'avez-vous pas dans votre livre un passage coloré ?

2956 - Commencez en partant d'un chiffre impair.

3719 - La phrase à l'entrée était : « *D'azur aux rameaux d'or.* »

3827 - Il y a bien une suite de chiffres romains, mais entrecoupée de lettres.

4153 - Il y a un mot rajouté sur la deuxième ligne. Il y en a trois autres à trouver.

4361 - Son nom commence par « Da » et finit par « vid ».

4429 - Êtes-vous vraiment venu lire ce deuxième indice ?

5198 - Le prospectus n'a pas révélé tous ses secrets.

5527 - Il faut trouver les coordonnées et l'orientation qui correspondent au point de vue de la scène sculptée sur le bas-relief en bois.

5734 - La première phrase est à prendre au sens littéral.

6778 - Cet acte de naissance est-il identique à celui que vous avez vu précédemment au Louvre ?

7128 - Ne distinguez-vous pas une lettre en haut des escaliers ? N'en voyez-vous pas une autre ?

7992 - *Cave au vin* et *avocat* sont des jeux de mots.

9217 - O2, A5, etc. À remettre dans l'ordre.

9716 - Observez attentivement l'illustration et regardez le décodeur !

Décodeur des lettres cachées

A	Vous montez les quelques marches et vous arrivez devant une lourde porte, malheureusement elle aussi fermée à clef.
C	En ouvrant l'abricot, vous découvrez… un noyau. Bon, au moins vous avez compris le principe de ce décodeur !
M	En faisant le tour de la maison, vous découvrez un renfoncement dans le mur qui cache une petite clef. Ravi de votre découverte, vous l'essayez sur la serrure principale, sans succès. Cependant, elle ouvre la porte près du pot de fleur. Super, vous pouvez vous introduire dans le musée ! Continuez votre lecture page 30.
N	Bravo, vous avez trouvé le nord !

R	Vous arrivez devant une porte interdite au public, mais vous devez tout de même vous rendre derrière. Alors allez-y et continuez votre lecture page 86.
X	C'est juste une croix sur la carte pour indiquer votre destination. Alors attachez votre ceinture, relevez votre tablette et vous êtes paré pour le décollage !
Z	Sur le plan, l'emplacement d'un tombeau a été entouré. En vous rapprochant de la stèle de cette sculpture, vous remarquez un enchaînement de petites rayures. En vous concentrant dessus, vous découvrez qu'il s'agit d'une suite de lettres : rnvr m'zslnjsd.
Y	Mais comment êtes-vous arrivé ici ? Circulez, il n'y a rien à voir !

Notes

Notes

Notes

Notes

Notes

Notes

Imprimé en Italie par STIGE SPA
Dépôt légal : mai 2020 - 325369/01
N° de projet : 11043083 - mai 2020

PAPIER À BASE DE
FIBRES CERTIFIÉES

LAROUSSE s'engage pour l'environnement en réduisant l'empreinte carbone de ses livres.
Celle de cet exemplaire est de :
500 g éq. CO_2
Rendez-vous sur
www.larousse-durable.fr